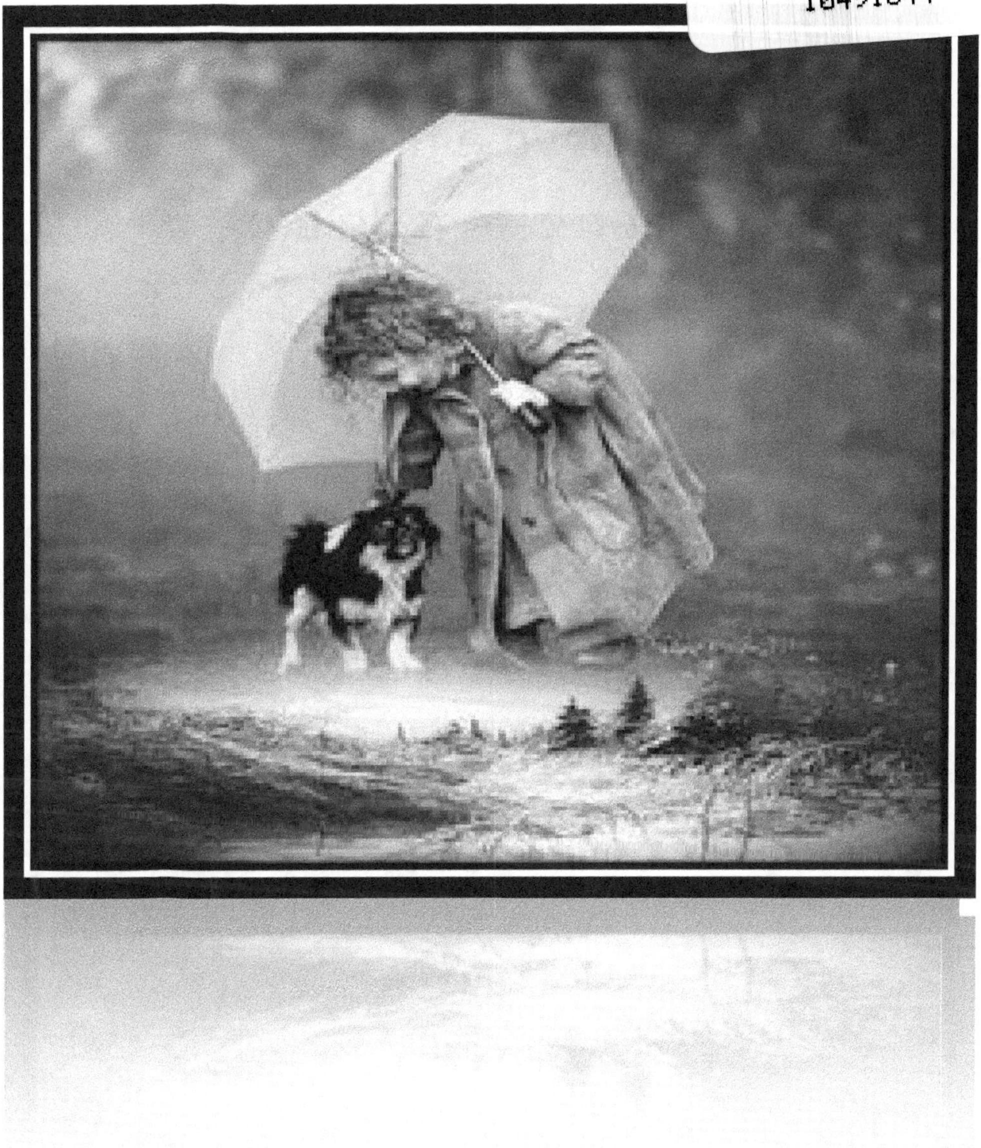

A arte de chover.

Nicole Maciel

Dedico à minha vó e todas as pessoas que precisem de uma palavra de amor. ❤

Introdução

Caros leitores,

Sei que jamais vou chegar aos pés de Fernando Pessoa, ou Vinícius de Moraes, aliás sou só uma poetisa tentando espalhar amor pelo mundo.

A arte de chover, é sobre dançar, em meio, aos caos com um sorriso, conhecer pessoas e pegar o melhor delas.

É falar no silêncio, de um abraço te desejo, tudo de bom nesse mundo, de coração.

Este livro é para todos, e por aqueles que nunca tiveram o prazer de ler um livro, uma homenagem.

Toda luz e positividade para quem está lendo agora, talvez aqui no Brasil ou em qualquer outra parte do mundo.

Com todo amor, Nicole.

Prosa com infinito

Os cravos

Choram os seus espinhos,

A Lua consola

A vida cura,

Nasce uma rosa,

O tempo voa na sombra do silêncio

Contudo,

Tão irônico quanto a liberdade

Porém,

Não mais que liberdade

Que até certo ponto

Te limita, outro te liberta

Sarcástico , não?

Excelente é o inexplicável,

 o extraordinário, o difícil .

É muito fácil resumir o que é fácil .

Gosto de coisas inenarráveis. Como uma única frase,

Que resuma todo o universo

Como a do caos,

Das que nascem as estrelas nascendo específico

Praticamente do abismo, só as admiro

Mas nunca hei de querer elas para mim.

Enfeitam a noite dos solitários

 cicatrizam no coração dos partidos

Enfim,

é o universo todo girando tentando ser compreendido.

Estrela cadente

Eu vi de longe,

Mas não quis tê-lo para mim ,

Pois o amor é liberdade

E, liberdade, é voar,

Então eu deixei ir .

Despedida

Ah, o amor,

Faz falta,

Traz saudade,

Mas,

Dá sentido na vida,

Um se vai ,

Outro fica.

Coração de gesso

Se desmancha ,

Se machuca

Contudo,

Quando amamos uma parte,

Deixa de ser nossa

Ocupando a alegria ou a tristeza,

Esta última consequência ,

Do vazio que é a ausência.

Me diz,

Como esquecer teu sorriso

Te perder é ruim,

Entretanto,

Se for pra me encontrar,

Acaba sendo um final convincente.

O amor, amar

Não tem fronteiras ,

Podemos nos lembrar

Mesmo estando no Oriente,

Contudo,

O que é bom

Dura tempo o suficiente,

Nem mais nem menos,

Só o necessário.

Para nos lamentar,

Ou sorrir, felizmente.

Quando se lembrar

Da garota que perdeu,

Do dia em que meu coração foi seu,

Lembrarás,

Que o peguei de volta

No entanto,

Se amei intensamente

Valeu apena.

Um verso qualquer

Quando se ama de verdade

O querer tem liberdade,

Não há resquício da verdade

Toda verdade se torna ilusão,

Ilusão que alimenta a alma e a emoção,

Deixa a mente sem reação.

Posso afirmar com convicção,

Vemos o que queremos

E ignoramos,

O que nos dá medo.

Uma mentira bem contada,

Em algum momento se torna verdade,

Pois se acredita

Até quando um dos dois vai embora.

Um pássaro não migra à toa,

Uma flor não nasce sem um fim,

Ainda vejo poesia nessas coisas,

Mesmo sabendo

Que o mundo vai mal.

O mar

Se as pessoas

Se dessem conta do milagre do céu

E da lua,

Seriam mais felizes,

Se as gotas do mar,

Cada uma,

Ficassem bestas

Ao admirar as estrelas

Veriam a grandeza de Deus,

Às vezes, desconfio.

A lua e sua beleza,

O sol e seu calor,

A bondade, a esperança e o amor,

Enfim, o mar é feliz.

Sossego de ser

A solidão não te isola,

Ela te revela, te molda.

Em dias difíceis de partir,

Deixe-o ir,

Mesmo que doa

Isso é libertação , dias de solidão.

Estar contigo mesmo,

Não é ruim,

Ruim é não saber o benefício,

Acaba virando um vício,

O mais delicioso de todos,

Ponto de partida para voo.

Resiliência

É muito mais que independência,

É aprender a lidar com a dor e a indiferença,

Se molhe na chuva,

Chore suas lágrimas e seque-as no sol,

Curta o calor,

Esqueça,

Se aqueça,

Se ame,

Se mereça.

Se doe,

Sem ser demais,

Deixe sobrar um pouco,

Pois,

Seu coração também merece conforto.

Amores de trem

Amores de trem são primaveris,

Dificilmente ficam,

Porque as estações finais

Não são iguais.

Saímos do vagão

E cada um foi para um lado da multidão,

Tudo bem, uns se vão.

Sem nem olhar para trás,

Simplesmente não gostam de despedidas,

Bem...depois,

Resta apenas nossas emoções,

Marcadas naquele mesmo lugar.

Logo,

Peguei o cupido e lhe cortei as asas.

Talvez,

Fosse melhor não sentir nada,

Daí tirei a emoção, afinal,

Resta-me a razão

Tão sensata e sem loucura,

Percebi,

Que não me convém

Sou loucura da cabeça aos pés,

Só apenas aceito o que mereço

E não é pouco,

Porém,

Ele ficou sem asas

O que faço agora?

A razão não basta e é tarde demais,

Apenas recomece,

Sonhe e seja feliz na sua loucura,

Ela tem verdade,

Na razão bem ...

Aliás o que é ela.

" Às vezes o pouco é muito, e o muito é muito pouco."

O amor é eterno?

Se o amor é eterno?

Eu não sei

O que sei é que,

Tudo que é puro e doce,

Sucede, cresce

Pois o amor dura ao tempo,

Tempo que resiste,

Contudo,

Merece ser eterno enquanto dure e,

Enquanto dure seja eterno.

Preferências

Prefiro um dia frio e chuvoso,

Um livro e um café quente

Acompanhado do coração partido

A solidão conforta a mente,

Dias de chuva ,

Dias de sol,

Uns com luz

Outros sem faróis,

E os mais escuros e nublados

Te ensinam muito mais,

A valorizar a luz,

Os piores dias,

Sempre serão os melhores,

Visto depois de anos,

Vais se lembrar com o sol dentro da alma.

Subestimar: um ato vulgar

Um dia chamaram de louco,

Que achou que voar era pelos ares,

Era impossível,

No entanto, conseguiram,

Dummont e seu sonho doido,

Nunca duvide dos loucos.

Na França, a guilhotina,

Onde o inventor,

Morreu na própria armadilha,

Na sua exclusiva e extraordinária invenção,

Foi tudo em vão.

Qual é o sentido disto, de subestimar?,

Estar ao mesmo tempo

Sem querer acreditando.

Definindo quem é a pesca

E quem está pescando.

E é em vão

Quem vive nos subestimando,

O mundo é dos loucos

E não dos normais.

Porque na imaginação,

A gente usa a favor,

Na invenção favorece ou causa terror.

Enamorados

Não prometo o mundo

Tampouco juro,

Mas cada momento que estivermos juntos,

Serão únicos

Nem vou amar- te toda vida

Porque tudo depende,

Se ainda gostarei de você.

Vou amar-te

Sem saber que estou amando ,

Quando sentir falta,

Pensar em ti ,

Dormindo e acordada,

Se tiver certeza ,

Estando incerta,

Pensando bem há controvérsias

Onde tem sentimento

Não tem espaço para dúvidas.

Se acaso der errado

Tentaremos ao ponto que,

Quando terminarmos falaremos que,

Amar é complicado.

Quando não é semeado

Os olhares se transformarão em outro,

Indo para lados opostos.

Não se arrependa das chuvas de inverno

Das folhas secas no outono,

Dos passeios na praça

E o sorvete que tomamos ,

Das coisas engraçadas que passamos e,

Talvez,

Na primavera possa lembrar- me

Dos abraços e beijos que trocamos,

Numa vaga lembrança.

Nada é imortal

Nem mesmo o sentimento

Se comparado ao vento é igual,

Uns de mãos dadas vão até o fim da vida

Outros não dão certo,

E tudo perde o encanto,

O vento assopra ,

A brisa leve.

Levando em lugares,

Estradas diferentes.

Cada um para um canto,

Isso destinado ao destino

E para quem não acredita

Pode pôr culpa no acaso,

Ora junta,

Ora afasta.

Uma simples teoria

O amor é uma solução

Onde o ser humano

Não está preparado

Para entender,

Que ele não é só

Entre duas pessoas,

Nem algo que se procure

Em outro ser,

É algo próprio de cada ser,

É revolução difícil,

Para mentes fechadas, culpadas.

Cura,

Para as flechadas de um cupido

Com mira errada,

A evolução mais linda da vida,

Pois às vezes soma e se multiplica.

P.S te amei

Prefiro não pensar,

Nos anos que se passaram,

Para poder viver no presente,

Me transformei, constantemente.

Esses anos que se passaram

Quando meus olhos te encontraram,

Os teus me machucaram

Até mesmo minhas lágrimas choraram.

Às vezes em um planeta,

Chamado Terra,

As experiências não são boas,

Mas vale apena

As aparências caem e de repente

A gravidade e a força de atrito,

Assim como a razão

Mostram ser impossível voar.

Olhar para trás,

Pois esse tal de atrito,

É necessário

Para que possamos caminhar.

Contudo,

As decepções são necessárias

Para que saibamos amar.

Amoreira

Assim como as árvores

Amadurecem com o tempo,

Dá frutos e sentimentos,

E o desalento leva suas folhas

Com o vento.

No outono caem

e depois .

A fotossíntese transforma

A luz solar e a clorofila,

Em glicose.

Essa árvore chinesa

Com nobreza e realeza

Traz consigo a própria beleza.

 Quando essas folhas sai liberando perfume

Traz a Fênix dizendo que tudo é uma fase,

Tão ,logo, passageira,

Que o próprio tempo

Pede um tempo pra apreciar

O que foi esquecido,

Aquela foto

A última vez que brincou

Com seus amigos.

Promessas

Não espero nada de ninguém

Nem crio expectativas,

Não preciso disso,

Só necessito que as supere

Aliás uma promessa, nunca deve ser de mentira.

Aquilo que jurou

É mais importante

Do que as palavras que usou,

Mas, na forma que falou.

Um coração partido

Quando se cega no caminho

Nada faz mais sentido.

Nunca jure amor eterno,

Pelo resto da vida

Por nada ,

A temporariedade é do ser humano

Pois hoje tu sabe o que sente

Amanhã talvez duvide.

Ausência

Se for pra sentir falta,

Que seja por uma coisa boa

No entanto a falta que você faz

Já é falta de alguma coisa boa

que acabou ficando para trás e não volta mais.

Ainda verei

Acredito na unidade,

Cada dia poder recomeçar

Enquanto existir alguém que acredite,

Pois acreditar já é uma revolução

Esta move o mundo e as coisas.

A guerra

Tudo que é construído

Um dia será destruído,

Contudo, continua injusto

Uma mãe perder seus filhos

Homens que planejam destruição,

Tem em si outra guerra,

A do coração.

Olhos

Veem o que eu não vejo

Falam sem falar o que sinto

Faz algum sentido?

Falam o que não é dito

É mistério desvendado,

Desde os segredos mais escondidos

Nele são revelados.

No entanto,

Olhe o que é belo

Mas não seja cego.

Circunstâncias

As circunstâncias podem separar

Por algo inútil

Resta esperar o pôr do sol

Para sair do quarto,

Enfim, ver o céu estrelado

A vida segundo as palavras

Umas trazem dor outras paz,

São sagradas

Podem correr como riachos,

Ou nadando acabar, infelizmente,

Afogado.

Tranquilize-se

Há sempre o Sol

Depois da chuva

Se a caso teve um dia ruim,

À noite tem um céu estrelado.

Poetas

Poetas são complicados demais,

São tão complexos que é difícil

Sendo fácil de entender,

Contas sem resultados iguais.

São mistérios em pessoas

Só os poetas sabem amar,

E quando terminam acabam deixando,

Uma parte do coração vazio.

Criam mundos sobre suas leis,

Não são necessários reis

Porque eles não entendem,

O que é a palavra superior

Aliás, poucos são românticos,

(Exceto Cecília Meireles)

Se são se declaram anônimos,

Esses versos são sinceros,

Acima de tudo infinitos,

Guardados em livros,

Em seus conflitos, seu espírito.

O amor

Amor é uma coisa

Sem explicação e,

Mesmo se tivesse

Seria inexplicável.

O sentido mais completo

É incompleto,

Se ainda assim

Alguém busca explicação

Amar não é concreto.

É algo mais pelo coração

Ignorar razão

Inexplicavelmente inexplicável,

Na forma mais pura, abstrato.

Se ninguém nunca amou,

Eu desconheço.

 É ser de outro mundo inestimável,

Obscuro, e seguro e egoísta,

Outro alguém indomável.

Próximo dia

Amanhã não quero sair

Apenas um olhar um filme triste,

Já que não me conformo

Com o que existe.

Só quero um colo de mãe

Para me tirar da ironia do mundo,

Eu só peço abraço,

Pois não sei se amanhã ,

Eu tenho paciência vai estar ao menos ao meu lado.

Quero brigadeiro,

Hoje não estou por inteiro ,

Embora,

Evolua e me arrependa

 Pelos meus erros.

Ao deitar deixo a luz apagada

E a porta encostada,

Estou em companhia,

Do meu Eu e tudo que eu quero ser.

Agridoce

Quando se gosta de alguém

Provamos o gosto que antes

Era doce, pelo o de limões,

Enfrentamos o que parece ser

100 anos ou dias de arranhões.

Mesmo dando amor existe a dor,

E eu não queria perder

Um minuto da minha vida,

Se não fosse com você,

Ficaria feliz, amaria,

Só que como este verbo

Essas frases estão no passado,

E, que, no futuro,

Só poderá ser lembrado.

Caça-amor

Dizem respeito das araras,

Que elas ficam

Sempre juntas quando se amam

Já João de barro,

Quantos separam

Suas casas abandonam,

A vida é singular

Uns se casam,

outros separam

E há que com o tempo,

Sem nenhum motivo aparente se afastam,

Enquanto a maioria passa a vida toda procurando,

E os que fazem do seu ser o universo inteiro só para eles mesmos.

O beija-flor

Bateu asas

Voou, voou

Tão rápido,

Foi de flor em flor

Distribuindo amor.

Encontrou uma rosa

Encantou-se com seus charmes,

Como o amor era tanto,

Mas a distância foi aumentando

As respostas que silenciando,

Triste ele saiu voando.

Ambiguidade

A distância que aproxima acaba

Quando os corpos

Que antes havia sentimento

Vão se deixando de lado,

Onde, falar de amor é fácil,

E amar fica difícil,

Ambiguidade sempre foi uma palavra,

com tendência negativa.

Tristeza

Tem dias que quero esquecer,

Pegar estrada

E parar por acidente na lua,

Desabafar com as estrelas

pegar carona no cometa

viajar sob a velocidade da luz,

Depois voltar para casa,

Com um pouco do universo mim.

Vazio

Nós seres humanos somos frágeis

vidros sensíveis

Uns de cristais e outros de cerâmica,

Medidos pela força do ser,

movidos por dúvidas,

No vazio existencial,

Entre se olhar no espelho,

Ou pôr uma máscara.

Por inteiro

Coisas distintas

Vou chamar atenção

Coisas antigas, extintas

Um beijo na testa,

Fogueira que aquece o coração

Simples é humilde,

No entanto , grandes atitudes

Se torna um amor além da Juventude.

Faça dele seu Porto Seguro,

Tempo passa rápido mais de 1 segundo

Faça dela seu mundo,

Deixe todo ódio rancor,

Bem lá no fundo,

Lembre-se basta um minuto para acabar com tudo.

Peter Pan

quem dera ser Alice,

E você Peter Pan,

Quem dera ter o chapeleiro maluco,

Mas feliz, para me aconselhar

O coelho para parar o tempo,

O tempo ,em que pensei em ti,

Porém , meu nobre é príncipe,

Nem toda história infelizmente,

Acaba feliz e nem por isso deixa,

de ser bonita,

sabe o que eu penso em meus sonhos,

Para tudo acabar,

A vida acaba, o amor,

a morte separa,

e essa fantasia,

a própria realidade se acabou,

Assim como um dia,

Pode não existir quem o amou.

Para sempre?

Quando éramos crianças perguntávamos,

Tudo era para sempre ,

Mas ,

Mesmo quando crescermos

Não nos damos conta,

Que pra sempre

Será todo presente,

Para sempre dentro das lembranças,

Mesmo que quem não está ou se vá,

Mesmo não sabendo amanhã,

Preferimos ter certeza o que vamos estar vivos

Para os dias seguintes,

Poetas não tem essas certezas,

Por isso vive um dia de cada vez,

Pois é para sempre passageiro e termina, talvez seja uma resposta justa.

Tempo ao tempo

Não , não vai sair como queremos

Esse é o primeiro passo para ser feliz,

Se deu certo felizes ficaremos,

Se deu errado deu certo igual,

Aprendemos.

Partida

Se é para ser vai acontecer,

mesmo sinto das madeiras tortas,

ou cheias de normas.

Se deixá-lo ir ,

Ele quiser partir,

Não fique triste

Não era para ti,

Ninguém merece

Ser amada pela metade

ou mais ou menos,

é crueldade.

Igualdade diferenciada

Atrás de cada olhar

Existe um medo, um anseio

Atrás de cada passo mal dado, o arrependimento.

Atrás de cada vitória , houve tropeços.

 Tem os que batalham e os que nem tentam,

Os que respeitam seus valores e os que passam por cima,

Com o intuito de alimentar,

Uma vitória triste vazia,

Cada um busca um modo de vida,

Sabe até quando é satisfatório,

Disfarçado do pior inimigo, o perigo,

E não ser o que um dia sonhou.

Morphus Didius

Quando lagarta estava se transformando, em borboleta,

Em metamorfose ela ficou com medo,

Não saiu da árvore.

Enquanto o casulo ao lado,

A outra, bela-dama, havia se transformado,

Passava a imaginar a sensação de voar,

Logo ficava satisfeita.

Depois se sentiu estúpida,

aliás voar era a sua natureza,

Não podendo negar a existência,

Tinha receio de que arrancassem suas asas.

Até que choveu dias,

E acabou caindo uma gota d'água,

Através dela refletiu o quão bela era,

Resolveu sair do esconderijo

Deixando o receio medo.

Nunca foi tão feliz,

Contudo, do nada,venho um vento forte soprou e a borboleta azul foi levada,

Parando numa casa, onde sem pena e piedade aconteceu que ela temia e arrancaram suas asas.

Nessa hora passou a outra borboleta,

Dizendo :coitada tão linda, tanto tempo se escondendo, para agora acabar morrendo.

Tão preocupada estava com o seu mundinho que criou, que esqueceu tudo em volta.

João de barro

Eu queria ser João de Barro

Sair voando pelo mato

Sem rumo certo.

Há um tempo sente falta,

Procura sua amada

Aquela casa abandonada

Lembra os abraços que ela lhe dava,

Que saudades!

Se tornou realidade,

Quando se deu por conta

Se transformou em lenda

Com o coração em pedaços,

Pronto para a emenda.

Com seus olhos em lágrimas

É real, não sei se acredito,

Prefiro ser índio

Triste e oprimido,

Não conheço os dias,

Parecem compridos.

Eu te vi partindo

Antes os dias eram tão lindos,

Ele ficou sentindo a falta dela,

Linda como ela era,

Alguém estava a abraçando,

Enfim,

Você foi partindo aos poucos,

No eu te amo sem sentimento,

No se cuida, obrigado.

Saiu sobrevoando,

Deixou os enamorados ,inconformado,

Estava com seu coração em pedaços ,

Foi juntar seus cacos.

Não sabemos se vamos sofrer,

Mas podemos escolher, quem nos machuca,

Quem nos abraça e nos cura.

Cortesia

A nobreza está nas coisas simples,

Simplesmente, nas coisas mais bobas,

Que demonstram carinho,

Pois quem sente falta dá valor,

Não necessita de bens,

Contudo, deseja o bem,

Com palavras de amor.

O menino de rua

Andava pelas esquinas pedindo moedas,

Com os pés descalços,

Junto seus sonhos iluminados,

Em dias de frio, pensava estar em um quarto,

E ficava bem ,

Apesar de estar em uma calçada,

Porque os seus sonhos era de uma alma velha, rica de coisas nobres.

No entanto,

Era rico sendo pobre,

Com fantasias em sonhos representados,

Risos e lugares mágicos.

Mudanças inconsoláveis

Nada é como esperamos,

Tudo se diferencia,

Aliás sempre tudo se diferenciou,

Naquilo que imaginava,

No piscar de um minuto,

Em qualquer assunto ou no modo de ser,

Eternamente mudará, na velocidade de um piscar.

Por que me fazes isso?

Por que fazes isso comigo?,

Os rios choram sangue, por que me deixastes?

Os lagos estão sem vida, as flores murcharam,

O mar secou,

A água azul, a areia e o pôr do sol,

Se modificou não é o mesmo,

De repente tudo perdeu a graça.

Alguma coisa desencaminhou,

Mas eu aprendi,

E o que era doce se acabou,

A garoa de verão passou,

A praia Brava continuou ,

A rever términos de amor,

Os sorrisos se negaram,

Beijos e declarações feitas na areia, se apagaram.

Fim do dia

Pois é,

Tantas coisas, o bom é que as horas passam,

A noite chega e as preocupações do dia acabam.

E recomeçam,

Só que cada recomeço já é um começo,

De outro dia de fazer mais ,

Evoluir mais, ser mais,

Trazer mais leveza e paz.

Silêncio

Reflexão em silêncio faz bem,

Traz consigo a certeza e as escolhas que fazemos,

Também, condena, traz dúvida, incertezas,

É aos poucos, por meio, do silêncio,

Se encontrando,

Ele já diz muito sem estar falando.

Esperar

Esperar é pensar seriamente,

Medir as consequências

Deixar de lado a diversão,

Viver mil noites de indecisão.

Pode ser doído, egoísmo,

Pois poderá arrepender-se,

Mas o tempo não perdoa, decepciona.

Dia a dia

Por que tudo tem instrução?

Por que vivemos como uma máquina , criação do homem, basta viver, sem um motivo aparente.

Essas perguntas me fazem pensar,

Na imagem perfeita

Com um sistema e senha,

Como robôs ao longo da vida,

Trabalha e vai para a casa,

Depois de velhos

Pede pro tempo mais um tempo emprestado.

E o mendigo pedindo esmola,

Largado e abandonado, querendo uma palavra ,

Com o olhar triste,

Pensando no futuro,

Se é que irá ter,

Se é que existe.

A vida lá, segue dia a dia,

No corre,

Do trabalho seguindo horas, metas e objetivos,

Esquecendo do presente, do passado,

Do que é feito a memória,

Pensando no presente do futuro

Que é esperançosa,

Pois hoje pode estar aqui,

Talvez amanhã não,

Depois um retrato numa estante qualquer,

Amarelado e esquecido.

O mar

As ondas

Que me levam até a ti

Me afastam do porto seguro,

Os abraços me envolvem,

Traz conforto e me resolve.

O bagageiro

O homem do trem,

Velho de cabelos brancos,

A bagagem de histórias ele tem,

De experiências, ausências e carências.

E quando deixa a estação,

Senta com seus netos,

Pensa em como tudo começou, inclusive seu primeiro amor,

Depois tiveram filhos,

Estes filhos outros filhos,

Tudo é um ciclo.

Talvez um dia ele conte, talvez,

Seus olhos com rugas, vê a vida passar na sua frente,

Tudo é uma poesia entende.

Amigos

Uns nos deixam

No meio da estrada

Outros te iluminam,

Uns morrem ,

Outros desaparecem, muitos esquecem, mas,

Se reencontram são irmãos de coração,

Outros se vão.

Eu continuo cada vez mais

Essa coleção,

Afinal de contas,

Perdemos e ganhamos,

Essa é a vida melancólica e linda,

O que ganho me apego,

O que perco faço questão de esquecer.

Saudades

Nada substitui ,

Algo quebrado,

Porque mesmo quebrado,

Vai estar marcado,

Em várias partes

Agora há espaços colados, não restaurado.

Se não sente falta

Não foi importante,

Se tem alguém que não sente saudades,

É inutilmente um insensível ambulante.

Escritores do destino

Se somos autoras e protagonistas,

Porque somos vítimas,

Daquilo que poderíamos ser e do que podia ser?

De um arrependimento

Que nunca vai retornar,

Naquela mesma hora,

Para mudar a história.

Mas, eu lamento

Todos os dias

Que vivi sem emoção,

Como dias apenas,

Não como o último.

É o que a gente é

Que nos faz rude ou ilude,

O que dizemos ser.

Se somos nossos pais

Na infância,

Na adolescência e na independência.

Somos cópias deles,

Em atitudes desiguais

Somos nós,

Com pedaços de nossos pais.

Submundo

Eu o vi

Entrar no submundo

Para esquecer dos problemas, dos assuntos,

Adquirindo outros costumes,

 Vi ele chorando

Suas lágrimas espirando,

Seu rosto sagrando.

A família lamentando,

Seus pais lacrimejando,

Não entendo a ironia,

Sendo que era ele

Para estar os enterrando um dia,

Sei que a morte

Virou algo normal,

Tá no cotidiano, no entanto,

Era para ser natural morrer com 100 anos,

Até perceber que todo vício esconde uma falta, um vazio.

Relacionamento

Assim como a lua

É atraída pela Terra e,

Iluminada com tristeza,

Um amor, admirado pelas estrelas,

Pois quando o sol se põe,

Uma história acaba.

Imagino ela encantada

Pela estrela gigante,

Pelo esplendor mesmo de longe,

As canções mais belas são as mais tristes,

São casados

Por uma espécie,

De aliança das estrelas,

Não se beijam , nem se tocam,

Entretanto, o amor existe,

Aquece o coração,

É a própria revolução.

Anjo barroco

Anjo que me guia, me fortalece,

Se anjo fores, aparece,

Em que meu coração

De triste fica alegre.

Porque me deixas te ver partindo,

Depois aparece?,

Suas asas protetoras,

Me envolve traz segurança

E me entristece.

O espelho

A imagem que reflete,

Não é a mesma que vejo

Não é a mesma que me veem,

Como me enxergo,

Não é o meu reflexo.

Felicidade ou solidão

Chegar em casa

Abrir a porta

E encontrar com o silêncio,

Com o coração vazio,

Bem- sucedido, mas frio.

É diferente

Que chegar em casa

Com as janelas abertas,

Alguém te abraçando,

Na entrada da porta,

Ah Deus permita- me sentir isso,

Das milhares de janelas dos sonhos

Te faço este pedido,

A agonia,

É rotina pra solidão,

Retrata longos dias,

Mesmices de outros , sem exatidão,

Enriquece o bolso e empobrece o coração.

A doida

Havia um casa todo dia,

Apedrejada, pois ali,

Uma doida morava,

Tinham boatos de ter se casado,

 Mal tratada,

Por quem amor lhe tinha jurado.

Se isolou de tudo, do mundo,

Os meninos jogavam pedras,

E ela reclamando,

Se magoando,

Certo dia,

Não reclamou, estranhou.

De imediato,

Resolveu entrar, viu o estrago

A casa cheia de buracos,

Quando o viu

Ela lhe acariciou seu rosto,

Suspirou, no fundo,

Era uma forma de defesa,

Dos tombos da vida, da alma e da cabeça.

Logo, percebeu que a " doida",

Estava morrendo,

Queria ter ajudado

Aos invés de tê-la machucado,

Não deu tempo,

Meu Deus o tempo!

Ele não perdoa, não volta atrás,

Isso o que mais dói,

Nunca foi uma peça de teatro,

Em qualquer cartaz.

Brasil

Desde o início,

Entraram na casa,

Fecharam a janela,

 Colocaram cadeados na porta,

Mesmo assim arrombaram,

Leva do tudo,

Seus costumes,

Trazendo medo,

Lhe dando espelhos,

Implantando religião

Trazendo anseios,

Nos seios e leitos do Brasil.

Massacrando mais de mil,

Levaram nossas riquezas,

Brasil foi ser independente depois

Da colônia portuguesa.

E depois,

De séculos ainda é o mesmo,

A justiça demorando um milênio,

O povo não tem seus direitos,

Os poucos,

São por pouco tempo.

Hoje, nos oferece

Impostos.

Filas nos postos

Tragédias com milhares de mortos.

Crime ambiental

Por ganância,

Milhares de vidas,

Por ignorância.

São Francisco

Esse rio, fonte de vida,

Dos nordestinos, suas margens,

Animais extintos.

A sede já não foi saciada,

A pesca já não é todo dia praticada,

Suas quedas já não jorram água.

Somente lágrimas.

Onde esbanjava vida,

Atualmente, são estradas com poeira,

Com água escassa, cheia de sol,

Sem luz.

Mundo

Desde o início do mundo,

Vi pessoas honestas,

Corruptas e vi Judas.

Na inquisição

Ouvi choros e desespero,

De quem era contra,

Mais de 1 milhão e 500 mil,

Sofrer algum tipo de tortura,

Por mulheres que se curam,

Serem chamadas de bruxas,

Reflexo da ditadura,

De formas de governo,

Nazista e stalinista.

Os livros me disseram,

Que quem estava no poder

Podia perdoar pecados,

Por pagarem dinheiro, lucro,

No centro de tudo, ele ajuda,

Só que não move o mundo.

Também me falaram,

Dos territórios ganhados,

Através das guerras,

Sempre armados ,

Tudo receio de chumbo trocado,

Sangue derramado igual ,

Problema solucionado.

Vi diferentes classes,

Nas mais pobres

Camponeses e escravos.

Por meio,

Dessa máquina do tempo,

Tanto sofrimento,

Mas, em nenhum a prosperidade,

Somente a verdade.

Embora,

Evoluísse muito no modo de viver,

Nos valores , estão sendo,

As mesmas histórias repetidas,

Assassinato, medo e desespero,

Enfim,

" novos tempos".

Borboletas no buquê

Vejo na varanda,

Sobre a mesa,

No buquê de flores vermelhas,

Borboletas.

Uma para em meu ombro,

Outra na minha mão,

Quão lindas são.

São singelas, frágeis e dóceis.

Além de serem aventureiras

E cada poeira é um vestígio,

De uma vida simples e serena,

Completa e plena.

Desperta sonhos floridos,

Lindos, algo colorido,

As cores,

As flores,

A natureza e a beleza,

Harmonia do dia

Até então invisível,

Tem gente que escuta,

Tem gente que sente,

Tem pessoas que escutam e sentem,

Outros olham e ignoram,

Mas é algo, sempre foi, beneficente,

Para mim , para ti e tua mente.

Mentiras

Tem mentiras que trazem felicidades,

E verdades que doem,

Em uma guerra

Quando o soldado entra,

Em um campo de batalha,

No conflito,

Prefere acreditar

Num amanhã voltar ,

No nazismo quando os judeus

Nos campos de concentração ,

Estavam submetidos,

Sem vestes vestidos

De desespero e medo.

Ambos preferiram acreditar,

De que tudo fosse um sonho,

Um pesadelo,

Uma mentira,

Uma suposição ou qualquer coisa.

Histórias

Quantas alegrias

Trazem uma vinda,

Quantas histórias,

Que não foram escutadas

E foram jogadas.

Tem gente que nem escuta

Está sempre de ida.

Passam-se e se vão,

Como nuvens, trazendo mensagens

Depois de lidas evaporam-se.

Garrafas

Colocarei cartas de amor

Em uma garrafa,

Assim quando chegar a ti,

Serei lembrada.

Resistência

Podem tirar

Tudo o que tenho,

Mas não o que penso

Podem tirar minha liberdade, contudo,

Não podem mudar minha consciência.

Tirar a riqueza,

Entretanto, não a verdadeira,

Não podem tirar a essência,

Dos meus ideias sem iguais.

Quando parte

Ouvi falar

A respeito das pessoas queridas ,

Quando partem,

Levam uma parte da gente,

Um pedaço,

Juntamos os cacos e nos refazemos,

Deixando -nos colados.

Quando uma pessoa parte,

É como se entrasse no trem,

Nos abanasse pela última vez,

Na janela nos olhasse

Enfim, um adeus,

Viva em um sorriso bobo

Numa saudade eterna,

De aceitação e tristeza

Dentro do coração.

O segredo

O segredo pode ser vasto,

Profundo e oculto,

Desde sabendo

A quem lhe é confiado,

Mesmo diante de um penhasco,

Com gaivotas famintas,

Há de estar guardado.

O segredo é tão quão importante,

Que as páginas de um diário,

Tal pode ser,

Rasgado e queimado,

Não podendo ser apagado,

Tampouco, esquecido.

Crença

Eu creio

Na descrença

Que quem não acredita em nada,

Crê sem se dar conta em alguma coisa.

Inferno

Dizem que o inferno existe,

Mas não vi ninguém ir lá,

Tampouco,

Voltar e histórias contar.

Penso que,

Se Ele é Deus de amor,

Como pode sujeitar os maus à dor?

Se ele é misericordioso,

Condená-los ao fogo eterno?

Se Ele é piedoso

E não julga os erros,

Todo poderoso.

Deixo agora,

Aos leitores as suas próprias,

Contudo, Deus não é mentiroso,

Zela pelo nosso bem,

Até a ciência não soube explicar

Sua existência,

Então criou uma teoria qualquer.

Mãe

É um amor sem tamanho

Mesmo grandes

Nos pegamos a chamando,

Eu dava toda minha vida,

Juventude,

Alegria,

Capacidade,

Por ela morreria dava tudo o que tinha.

É claro que ela ama mais

Do que a amo,

Do que qualquer amor,

Porque esse é sem tamanho.

Desde o primeiro mês de gestação,

Os pais criam

Um espaço no coração,

Quando crescemos somos nós,

 Sonhando com o filho que queremos ter,

O ciclo da vida é infinitamente lindo.

Conquista

Podemos ter tudo

Que sonharmos e conquistar,

Sob nossos méritos,

Só será sem graça,

Se não tiver pessoas que te fazem falta,

Deixando lugares vazios,

Porque não basta

Ganhar uma guerra,

Pois a solitude só é privilégio

Até certo ponto,

Em excesso é ego.

Assim uma vitória

Vai se transformando em derrota,

Não quer dizer que perder é ruim,

Não é,

Quando se tem amigos ,

Fonte de apoio e sorrisos.

Aliás um amigo sincero,

Vale mais que mil,

Quando ao redor

Em nenhum pode confiar,

Poucos são preciosos,

Ter muitos no status,

Não significa que estão do seu lado.

O roubo

Chen Sung,

Um homem pobre

Que roubava para comer,

Saciar a fome,

Uma atitude desesperada,

Dá para entender,

Um dia roubou uma Pêra,

Foi levado para a cadeia,

Nunca ia à julgamento,

Se perguntando até quanto tempo.

Então pegou a semente,

Disse ao imperador,

Quem foi sempre honesto e plantar,

Frutos de ouro irá dar,

Só quem nunca mentiu,

Roubou ou enganou,

Logo,

Ninguém plantou,

Pois todos lá já foram desonestos

Seja consigo próprio ou com os outros,

Mentiu ou enganou.

Acabou dizendo:

- Vocês não estão de consciência limpa,

Já mentiram ou enganaram,

Visto que todos já erraram,

Fui preso nessa cadeia,

Sem ver a luz do dia,

Todos perante a ti

Cometeram algum erro,

Isso é justo?

Aliás todos no mundo.

O imperador sem ter o que dizer,

Deixou- o livre,

Acabo esse poema com a seguinte frase,

Atire a primeira pedra quem nunca errou, pecou.

Não foi honesto consigo

Ao se olhar no espelho,

Roubou o direito de sentir

Algum sentimento.

Cães

É lindo de ver

O amor dos cães

Pelos humanos racionais

Eles nos amam

Detectam alegria,

A tristeza,

A angústia, tais.

Só procuram um resguardo,

Algum canto do quarto,

Tirar nossos anseios

Estar seguros,

Viver em sossego, enfim,

Curar nossos medos,

Não julgam pelo tamanho,

Cor ou classe social,

Se mora na rua

Ou em uma mansão.

Deve ser porque não entendem

A linguagem dos humanos,

Só a intenção,

Querem um carinho,

Um sorriso.

Enquanto vivos,

Estão em todas as fases da vida,

Ao nosso lado,

Na entrada e na saída do trabalho,

Na despedida,

Nos sorrisos refletidos em seus olhos.

De geração em geração

Na escravidão

O sonho de todo escravo,

Era liberdade,

E o sonho que eles tinham,

Era o sonho do sonho de outras gerações,

Acabou sendo o sonho de todos.

Depois que conseguiram a liberdade,

Embora livres, não estavam libertos

Preconceito e racismo, ligar ainda no século XXI,

Vira assunto na sociedade.

Inteligência

Tudo o que sei

É um pouco do pouco,

De pouca coisa,

Que eu possa aprender.

Não sei nada aliás,

O que sei

Aprendi em atos,

Não em livros didáticos.

Tão pouco sei,

Que o meu saber,

Se torna inútil,

Perante a grandeza do universo.

Você foi estrela cadente

Se um dia eu pudesse

Te falar o que um dia senti,

o compararia,

como uma estrela distante,

eu a Lua,

sabendo ser impossível.

Ser motivo do seu sorriso

Ou em direção à mim.

Noites escuras assim,

Elas brilham

No céu sem fim,

A Lua só demora a distância,

Pois tu fostes uma estrela cadente,

Me deixastes por um breve momento, contente.

Infelizmente, foi passageiro,

Feito de todas as maneiras,

A certeza

De que existem amores impossiveis,

De alcançar, de tê-lo,

Deixamos de gostar, é de tanto amar,

Que tudo por conta própria

Faz questão de se cansar,

Mesmo distante,

Foi importante,

Na vida tudo passa,

Isso irá passar,

Não se decepcione se eu,

Outra estrela olhar,

Pois uma estrela cadente,

Deixa crateras,

palavras são bonitas.

Mas honrá-las a tornam eternas.

O quadro

Tudo que imaginar sendo abstrato,

Pode ser concreto,

Até mesmo num quadro,

Se desenhar uma flor e,

Quiser apanhá-la,

Vai conseguir,

Ela está viva

As cores deram a vida,

Assim como posso,

Desenhar uma janela e entra nela,

Loucura não,

Embora tinha sido acreditar que os sonhos,

O pincel e a tinta,

Desenho de pintam,

Mas sou eu que capito o espírito,

Porque embora,

Fosse uma flor branca,

Se fizeres com toda a força de vontade,

Não será apenas um desenho,

Sim uma obra de arte.

No que fizeres, no entanto,

Nunca ficará satisfeito,

Vai achar algum defeito,

Só deixe de lado seus erros,

Avalie com o coração,

Então logo verás,

O que é a perfeição

É uma qualidade em si imperfeita.

Feridas

Deixei minhas feridas ao vento,

Lembrando das cicatrizes,

É impossível não ficar triste,

Foi inverno enquanto,

Eu esperava a primavera,

Dias de chuva ao invés do Sol,

Enfim, a luz que se apagou no farol.

Dias eternos,

Esperando respostas,

Foram perguntas em impostas,

Como num dia frio,

Foi um grito no silêncio,

Que logo se calou,

Um fim,

No que nem começou,

Afinal de contas,

Não foi amor.

História em quadrinhos

Quem dera que a vida fosse,

Um desenho animado,

Sempre com um herói,

Para atender um chamado.

Mas nem tudo é tão fácil,

É preciso ser sábio

Ser o seu próprio herói.

Que destrói seus planos,

Os protege e os reconstrói.

Alzheimer

É muito confuso,

Seria o mesmo

Que entrar na mesma mata,

E do nada,

Esquecer o caminho de volta,

Não é só aqueles

Que sofrem dessa doença,

Todos se sentem assim,

às vezes perdido.

Preferimos outro caminho, esquecer.

Apagar tudo, as besteiras do mundo.

Essa situação confusa,

Me confunde,

Confundindo todos os humanos,

Esquecer um dia ruim,

Ou quase todos? .

Liberdade

Muitos não sabendo amar,

Ou machucados demais,

Poucos mal conseguem,

Outros esquecem,

Desistem,

Morrem e enlouquecem,

Enquanto o amor de verdade,

Tem as asas da liberdade

vá se quiser,

volte se precisar,

se ama,

sabe onde encontrar.

Mas antes preciso esperar,

A primavera chegar,

As folhas caírem renascerem,

Os pássaros começarem, enfim, a voar,

Só assim saberás amar

o amor não cresce,

se expande se torna gigante.

Últimos instantes

Se tivesse uma hora,

A última da vida,

Antes de fechar os olhos ,

Me despediria da maneira

Mais bonita,

Com as palavras que fiz questão

De serem esquecidas,

Ou não quis dizer com medo,

De não serem enaltecidas.

As últimas imagens do amanhecer,

Talvez o anoitecer,

Representando a noite caindo,

Com a luz do dia, dormindo.

A única circunstância concreta,

É não tê-la,

Sem concluir nada só viver simplesmente.

Até porque a conclusão só se dá,

Quando uma vida

Chega ao fim.

Ficar na sombra,

Em que o sol projetar,

Dormir e acordar,

Pois hoje pessoas dormem tristes

Por perder o amor da vida,

Enquanto uns se casam,

A morte acompanha a vida,

E o nascimento é uma maneira,

De amenizar a dor,

De perder um grande amor.

" As palavras em momentos de raiva, devem ser mentalmente calculada, pois a raiva passa já a palavra não é apagada"

Preguiça boa

Quero meu quarto

Minha cama,

Meu travesseiro,

As cortinas fechadas,

As cobertas reviradas

Em um dia chuvoso,

E a luz apagada

Tenho uma preguiça boa,

Mais nada.

Os heróis do faroeste

Os heróis do faroeste,

Acabam como lendas

E isso não basta,

São reconhecidos e diante de tudo isso,

Ainda possuem um vazio dentro de si,

Pelo jeito solitário,

A solidão é boa

Para se conhecer

Em meio ao silêncio,

Nos demais casos ou em alguns,

É duvidoso, á procura de um culpado.

Máquina do tempo

Meu poema nada tem a ver,

Com a ciência

Ou com viver de aparências,

É uma quebra de fronteira,

Da ausência,

Voltar um dia ,

Aos dias bons, contudo,

Eles não voltam ,

Jamais voltarão,

Falta do tempo que não volta,

Só reinventa, marcados na cabeça.

Sempre estarão comigo,

Quando esquecê-los,

Isso é um fato,

No cheiro, jeitos e saudade,

O fato, é que as coisas mais bonitas

Acabam ficando escondidas,

Porque não são capazes de ser compreendidas.

Museu

Remoendo o passado,

Como uma exposição no museu,

Admirando um artefato que já morreu,

Como uma obra de Orfeu.

Pois a vida é uma metáfora das 4 estações,

Uma coleção de saudades

Com vários trens,

De felicidades , atrocidades e infelicidades.

É uma frase romântica, sarcástica e semântica,

Cheia de ironia,

Voltas e despedidas,

E as que não nos damos contas,

Termino deixando uma questão,

Qual foi a última vez, que brincou com seus amigos de infância?.

Bem querer

Eu queria saber,

Tocar piano,

Viver viajando,

Cantar soprano,

Ver a chuva o dia inteiro,

E não pensar em nada

Apenas em uma noite estrelada.

Queria que o tempo voltasse atrás,

Parasse somente,

Nos momentos bons, ficasse,

Sentir a brisa, aí sim,

Continuasse.

Quero tanto, porém,

Contento-me com o que tenho,

Tudo que se possui de verdade,

Não se paga, nem se vende,

Se carrega dentro do peito.

Da varanda

De cabes baixo,

Na varanda,

Sentada a espera,

De que o eclipse me impressione,

Me cubra com as constelações,

E a imensidão ,

Tragam alguma luz,

Enfim, uma razão.

Amor próprio

O amor tem dessas às vezes,

Muito para dar pouco para receber,

Contudo,

Isso não é amor,

É uma prova

Que você não ama você,

E sim o que vê no outro,

O que falta em sua alma,

O principal amor está em ti,

Não está em mim

E nem em ninguém.

Vai amar e não ser amado,

 O amor que tem em si,

É o voo

Contudo,

Que não seja as asas de Ícaro,

Desmancharam e caíram

A solidão é a própria liberdade,

Faz voar, traz sentindo,

E quando estiver desacompanhado

Será seu abrigo,

Até seu melhor amigo,

Será tão completo,

Que toda metade,

Não vai ser o bastante.

Conexões

A verdade,

Só faz sentido,

Quando uma mentira é contada,

Do mesmo modo,

Que um herói só se torna um,

Quando um vilão tenta destruir o mundo,

Até mesmo um amor,

Uma história de romance,

Só é uma,

Quando traz falta ou traz saudade,

Termina em tragédia,

A vida não é uma enciclopédia,

Com muitos significados,

Porém,

Sem nenhum sumário,

Somos conectados uma aos outros,

Entre idas e desencontros.

Assalto desastrado

Me diz quem é esperto nesse trecho,

Quem rouba ou é roubado

Se achar que é o ladrão,

Está enganado.

O homem foi abordado,

Quando o surrupiador

Estava sendo assaltado,

Estava indo ao mercado

Pediu dinheiro e o cavalo,

Em troca um burro foi lhe dado,

O camponês colou

Moedas de ouro na corcova do animal,

Uma mentira contou:

- Que bom ter- me roubado,

Esse burro é sagrado tem o couro de ouro,

Enfim, abençoado.

O perverso devolveu o dinheiro e o cavalo,

Só depois percebeu que foi trolado.

Frio

O homem ao redor da lareira,

Com sua coberta se aquece,

Mas é tão frio

Disso não se esquece,

Guarda mágoas e angústias,

Mesmo na fartura,

Sente-se preso ao passado

Está morto, esgotado,

Por não poder fazer tudo de novo

Voltar atrás, tanto faz,

E o hoje, é um bom dia,

Para as mudanças,

O anteontem, ontem,

Não importa, e aí

O que você vai agora?.

Amizade

Um amigo,

Nunca se deixa para trás,

Há pássaros e corvos no cais,

Uns podem ser passageiros,

Tem os que entram no trem,

Só como simples passageiros.

Poucos ficarão

Marcados no futuro ou presente,

Outros vão ficar apenas

Em um álbum.

Sabiá

Eu sabia,

Tu sabias,

Ela sábia,

Ele sabiá.

Tentou aprender e ensinar,

A arte de voar.

Sabiá livre migra

Homem com liberdade,

Não sabe usar,

Tampouco aproveitar.

Qualitativo

No silêncio do relógio,

A cada milésimo de segundo,

Aumenta o mistério,

O que é o tempo?

Queria saber

Mas ainda que soubesse

Perderia a graça da incerteza,

Deixaria de ser charada,

Passaria a ser conhecido,

Um conceito falido.

É que tem coisas

Que não tem um porquê,

Simplesmente é para ser.

Só pode ser qualitativo,

Quantitativo, tudo é relativo,

Quando se trata de tempo,

Passado, presente e futuro,

Todos eles estão juntos e não separados,

Em um coração bagunçado,

Seria o mesmo que curar uma ilusão,

Em uma semana.

Só não entendo,

Por que corremos tanto atrás dele,

E tira do tempo,

As épocas boas e as brisas suaves.

Expliquem- me porque tudo

Tem que ter um motivo,

Se tudo que passa,

Nós sentidos, não vemos.

Circo

Comparo o percorrer do equilibrista,

Como um teatro,

No qual em um dia é aplaudido,

Noutro vaiado.

Quando as cortinas

Se abrirem novamente,

O equilibrista vai dar o melhor de si e,

Quando elas se fecharem,

Vão recomeçar em outro lugar.

O circo se desmonta,

Se arruma

E deixa na cidade,

A saudade.

Felicidade

Essa palavra imersa,

Simples e complexa,

Sem definição,

A queda feliz da emoção.

Caçapava do Sul

Linda clareira da mata,

Igual e diversificada,

Seus descendentes?

Ainda eu os vejo nas estradas,

Com suas caras pintadas,

Tristes e cheias de histórias,

Prefiro pensar assim,

Que até nos desertos

Pode se cultivar um jardim.

Onde o Pipa do Noca

Passeia com se cão e seu burro,

Para as cataratas,

Passa depois na Fonte do Conselheiro,

Na sua carroça,

Depois chega no centro,

Se depara com a estátua de um guerreiro,

Como todo brasileiro.

Após visita a Igreja Matriz,

Ora um pouco,

Sobre as tristezas do mundo,

E observa um pouco de tudo.

Cansados,

Volta a ficar estátua ,

Com seu burro e seu cachorro,

Cheio de história para contar ao vento.

Faces de um rosto

Sou a mesma pessoa,

Sendo várias,

Choro, fico alegre e triste,

Me comporto,

De acordo com o instante,

Ou num lugar distante da Terra,

Isso é ser poeta.

É um teatro,

Vários personagens,

Em uma heroína ou vilã,

Atriz principal,

Até a mocinha que se dá bem,

No final.

Sou uma comigo

Outra com o trabalho,

Divertida com qualquer amigo,

A lua tem várias faces,

Eu também,

Ninguém sabe a verdadeira,

Se é a minguante, a nova ou a cheia.

" **Eu quero um amor de verdade, que qualquer minuto longe, esbanje saudade**".

Razão

Ninguém tem razão,

Nem tem sanidade o suficiente

Para definir o que é real,

Talvez superficial,

Quem é leal ou desleal,

Tudo é visível e imprevisível.

Com diria o Chorão,

Só os loucos sabem,

Quando se busca a evolução.

Dia de saudades

Hoje a saudade me visitou,

Um pedaço de mim,

Cruelmente arrancou,

Ainda sim, foi a melhor coisa

Que me aconteceu.

Vida

A vida é injusta

Nascemos sem saber nada,

Tendo uma longa jornada,

Quando, respiramos pela primeira vez nesse mundo,

Sem essa de destino,

Esquece disso tudo.

O mundo é cruel,

Conquistamos amor ,

Ele oferece momentos de felicidade,

E depois, deixa saudade.

Enfim, tudo tem um fim,

Cada um tenta uma maneira,

De não se sentir assim.

Nesse exato momento,

Uns riem outros choram,

Num dia tá nublado

Noutro ensolarado.

É um palco,

Com várias vozes,

Um jogo de ideias

Guerra de ideais,

Onde o certo,

Nem sempre é o correto.

Um dia,

Mesmo sem querer,

Vai acabar.

Tudo se constrói,

Por conta própria se destrói.

Anjo sem asas

Dizem que os anjos tem asas,

Tocam harpas,

Com cabelos encaracolados e olhos azuis,

Brilham na luz, no entanto,

Porque em meus sonhos,

Me seduz.

Ele se senta à beira do rio,

Me ensina a tocar harpa

Trazendo segurança,

Me abraça.

Depois vai embora,

Não sei se volta,

Peço pra ficar mais um pouco,

Apenas nega,

Olha uma vez em minha direção,

Em seguida,

Larga minha mão.

Temporal

Sempre quando

Olhar para trás ,

Faça uma visita, um passeio,

Jamais uma morada.

Se tem que chover,

Pra ter água,

É necessário a luz do dia

E da chuva,

Pra aflorar,

Porque eu não ei de chorar,

A verdade é que todos,

Tem uma história triste para contar,

Um exemplo a se inspirar,

Imagine a flor do nordeste ,

Só tivesse a energia solar?,

Ela não iria se criar,

Precisaria da chuva,

Somente assim,

Por inteiro, brilhar.

Imensidão

Quando leres uma poesia

Reflita nele,

Pensa num mar azul,

Um infinito,

Tentando achar o fim...

Poetisas são imensidão,

Poesias se ilimitam nelas.

Dor

Coração dolorido,

As lágrimas quente,

Segurá-las sufocam,

Derramá-las libertam,

Guardar para si,

Nos enforcam.

Te vivo

Quando estiver à beira da lareira,

Peço que me abraces forte,

Ao por do sol,

Sente-se ao meu lado,

Sou vagalume e você,

O mais iluminado,

Devido o brilho das estrelas em seus olhos,

Eles sorriem de uma maneira,

Que todo universo inveja,

Além da imensidão

Andamos de mãos dadas,

Ontem e hoje, amanhã,

Talvez não,

Só que o agora está tão lindo,

Acaba compensando a eternidade.

Lágrimas

As lágrimas que escorrem pelo rosto,

Secada pelas mãos de si ou de outro,

Os parênteses e colchetes,

Ambos incompletos.

Chorar nunca foi fraqueza,

Ao contrário,

Está na natureza,

As lágrimas escorrerem pelo rosto,

Por alegria ou por tristeza.

Poço de desejos

Se si deparasse

Com um poço de desejos,

Ao jogar uma moeda o que pediria?

Talvez ser bem sucedido

Encontrar seu amor verdadeiro,

O visitasse em seus sonhos

Durante 7 noites,

Eu não sei qual seria,

Todos nós temos muitos,

Mas, qual têm prioridade?

Amizade,

Conta bancária ou a felicidade?.

África

Como dizia um povo africano,

As histórias se repetem

De maneiras diferentes,

Que pena

Que uma vida

Valesse tão pouco,

No navio negreiro

A qualquer preço.

Os seus antepassados

Passaram pelo mesmo,

As histórias se repetiram

Milhares de vezes,

Ainda em volta da fogueira,

Ouço sons de berimbau e capoeira.

A forma mais próxima,

De saciar a falta,

Cortar as correntes

E levar a África

À terras estrangeiras.

Os dias da semana

Há dias péssimos e ruins,

Nem tão bons

Quanto ao interior.

Há dias ótimos,

Eles não são ruins,

Todos são iguais com 24 horas,

Cada hora 60 segundos,

São medidos pelo sentido,

De tédio ou cansado demais,

Para medir alguma coisa,

Dias melhores virão ,

Eles sempre vem,

Tenha a paciência de um monge,

Acompanhado da metamorfose da lagarta.

O luto

O luto,

Transcende faz chorar prantos,

Porém ele é branco.

Dono de uma dor sem fim,

O mais triste ainda

É que hoje morreu

O amor da vida de alguém,

Esse alguém vai chegar em casa

Depois de um tombo,

A ausência.

Vejo um motivo,

Para os pêsames,

Tentar buscar um consolo,

Numa esperança perdida,

Olhar para o céu,

Buscar uma saída.

Civilização

As civilizações

Modificaram as cidades,

As paisagens

E junto as margens,

Os campos verdes, os mares,

Oceanos e lagos

Já não são pontos turísticos,

E claramente, latas de lixo.

Os pardais se mudaram,

Os sabiás não cantam,

Nem assobiam

Alegres como antes.

O João de barro,

Deixou seu ninho.

Os bichos,

Suas casas, nas rodovias asfaltadas.

Lamento,

Trocarem a fauna e a flora,

A diversidade,

Por " progresso" estradas, carros

E velocidade.

Deus

Comparo Deus

Com um pai amoroso,

Que viu o primeiro passo,

A primeira palavra, enfim,

O desenvolvimento do seu filho,

Tem o sétimo sentido,

Quando nos vê em perigo,

Manda sempre o irmão mais velho,

Jesus Cristo.

Carregou a cruz,

A coroa de espinhos,

O amor de Deus é infinito,

Imensamente bonito.

Julgamento

Parece comum,

Julgar erros e procurar defeitos,

Quando não enxerga a si próprio.

E, raramente,

Olham e veem qualidades,

Ninguém foi feito só de adjetivos,

Entretanto,

A perfeição sempre foi uma palavra

Com exageros

Nossos defeitos nos fazem especiais,

Não que toda crítica seja ruim,

Pode ser construtiva,

A não ser se for pra ferir,

Pois essa ferramenta destrói,

Corrói,

É uma arma que mais mata,

E adoece a alma.

Ninguém é suficientemente,

Melhor ou maior,

Para julgar, aliás,

Perante a Deus ,

Não há desigualdade, tampouco,

Interioridade, por que me julgas?

Galáxias

Há tantas estrelas,

E uma lua,

Há tanto amor

Mas sem ninguém disposto a amar,

Desejo, somente,

Que cada nebulosa,

Tenha um belo caos

Deixando- as cada vez mais belas.

Criando novas possibilidades,

De amor compartilhar,

Com tantos universos para se gostar,

Se renovar,

Aproveite para saborear, aprender,

Outras galáxias visitar.

Nada e nem do mesmo modo girará,

Tudo sofre evolução,

Seu coração,

Sua opinião,

Sua ilusão e

Até seus antigos costumes,

Tudo muda quando o fim,

Não importa mais.

Cautela

A temporariedade,

Pertence ao homem,

Que evolui

E continua com seus antigos costumes.

O cauteloso não se condena,

Nem corre risco de ameaça,

Vê o perigo e se afasta,

Está escrito antes do aviso,

Fuja antes do prejuízo.

Leitura

Os livros

Não são apenas páginas,

Preenchidas com as palavras,

Sem sentidos.

São cachoeiras

Transbordando conhecimento,

São matas

Repletas de recursos e alimentos da alma.

Onde cada pontuação,

São pássaros livres

E as onças,

Andam em busca da caça,

É o mundo inteiro

Em um livro,

Aparentemente, pequeno.

Noites de acontecimentos na floresta

As damas da noite,

Nascem nela,

Onde a coruja desperta

E começa seu sobrevoo,

O morcego acorda,

O társio das Filipinas

Abre seus olhos,

O dia vem nascendo,

Tudo aos poucos desaparecendo.

As damas da noite

Se despede com elegância,

A coruja dorme,

No instante em que os morcegos,

Seguem seu caminho,

Cada um com seus problemas e planos,

Com o intuito de descanso.

Vida urbana

O mendigo em um canto,

Isolado,

O menino abandonado

E o cão na estrada deixado,

Fazem parte

Dos cenários das cidades,

Esquecidos em um retrato,

Guardado em um baú,

Cadeado , no fundo de um depósito.

Alguns tem tão pouco,

Para oferecer materialmente,

Contudo,

Muito em matéria da alma,

Ali pode descansar com toda calma.

Yangtai e Shabon

Yangtai queria,

Um outro destino,

Em um disfarce,

Na busca pelo conhecimento,

Se transformou em menino.

Naquele tempo,

Só eles podiam ler e escrever,

O machismo,

Conheceu Shabon um amigo.

Um dia foi descoberta

Voltou à casa paterna.

Seu pai a prometeu

A outro rapaz,

Shabon, viveu tristeza e solidão,

Aquele aperto que a perda,

Causa no coração,

Acabou morrendo,

É difícil acreditar quando não se tem emoção.

A amada pela última vez,

Foi se despedir,

O túmulo se abriu,

Ela foi puxada,

Os dois se tornaram

Borboletas brancas,

Em flores perfumadas,

Quando passares em uma estrada,

Verás uma história de amor contada.

A ponte

Eu vi uma cena antiga,

De origem japonesa ou chinesa,

Resumindo tudo o que o mundo precisa,

Eram duas crianças,

Uma fez a ponte

Para a outra atravessar,

Da ponte era o corpo,

Como pode tanto,

Uma criança ensinar.

Tem gente que olha para si,

Tem gente que olha para o outro,

E há quem olha para si para os outros.

Em um canto,

A fome e a miséria,

A classe rica e a média,

Muitos fazem uma ponte tão firme

Que ela não se quebra,

O universo conspira a favor,

Porque eles respiram amor.

Coisas confusas

No fim do poço,

Há um começo,

No começo um Jardim com jasmim,

O caminho florido, cheio de lírios,

escondido no escuro.

Eu o alvoroço,

É que pode ser o fim e o início,

ou o início do fim,

O começo do início,

Ou o fim do fim.

Pois,

Gente que é gente,

Muda constantemente.

Os piratas

Os piratas atravessaram

Mares imensos,

Por meio,

De mapas extensos.

Em busca de tesouros,

Sem ninguém saber ao certo,

Se encontrariam ouro,

No entanto,

Se aventuravam mesmo assim,

Entregavam-se de alma e corpo,

Acaso,

Esse tesouros,

Valesse a vida,

Valeria quanto?.

Amar- te- ei

Vou amar- te

Amar-te-ei não importa,

Se é eterno ou passageiro,

Mandarei um beijo para ti,

Através do vento.

Vento que traz frio,

Refresca e devasta,

Eu te amo,

Isso basta.

Dúvidas

É nas incertezas

Que se sobressai as dúvidas,

É nas profundezas,

Onde se encontra a verdade,

A mentira é uma superfície,

Por onde se escapa a realidade.

Nem tudo é tão bom,

Isso é evolução,

Embora o mundo não seja lá essas coisas,

A ilusão enfraquece a mente e adoece o coração,

Então crie uma convicção,

E espalhe por onde for a liberdade.

Poesias

A solidão de quem a escreveu,

A felicidade em quem foi inspirado,

O poder do julgamento,

E o olhar diferente,

Do que é observado.

Abraço quente

O amor é um acaso,

Um caso à parte,

Por acidente,

Amor eterno que se resume em um momento,

Pra sempre já é bastante tempo,

A atrocidade da saudade,

A própria arte.

Despedidas

Não gosto de despedidas,

Tampouco,

De me despedir,

Ele é um fim,

Não gosto de fins,

Pois pode significar um adeus,

Por isso,

Toda frase com ponto final me assusta,

Porque minhas palavras vão embora,

Sorte minha que estarão escritas para sempre,

Mesmo que me esqueça de que as escrevi,

Sempre vão estar aqui.

De mim para ti.

Imaginar

Às vezes

Ficar imaginando é bom,

Do que tomar uma atitude,

Acabar numa ilusão.

Não é maluco,

Simplesmente,

Todos somos loucos um pouco,

Se espero o inverno

Para me aquecer,

O verão para me refrescar,

Amar por dois é um pecado,

Necessário ao menos uma vez,

Você não sabe se vai se machucar,

Mas escolhe quem faz isso.

Desejos

Tanto que te quis,

Tanto que sonhei,

Exausta como na luta,

Da luz e da escuridão,

Ceguei a razão e agi com o coração.

Tantas vezes,

Solidão e frustração,

Ver-te tão perto,

Em busca de um prece,

Mas a carência é um bom mestre,

Ali de tudo acontece.

Aliás as pessoas não mudam,

As circunstâncias as transformam,

Assim como o clima favorece ou não,

A época de plantação,

Resultado do excesso de chuva ou insolação,

Logo, a luz ou escuridão.

O bosque do tempo

Uma enteada

Vivia com a madrasta maldosa,

Impiedosa.

Pediu um dia,

Que trouxesse,

Flores perfumadas,

Em uma estação congelada,

Caindo nevasca.

Desesperada, onde as encontraria?

Tropeçou em uma raiz,

De repente,

Doze árvores ganharam vida,

Ambas pareciam nada feliz,

Com caras enrugadas, assustada,

Lhes perguntou sobre as flores perfumadas,

Pois, se não as encontrassem

Não entraria em casa,

Então uma das árvores comovidas,

Ouvindo o seu lamento

Emprestou seu tempo.

Chegando em casa,

A madrasta inconformada,

Apavorada pensando,

Como conseguiu flores,

Imensamente cheirosas?.

Pediu,

Dessa vez morangos,

Com a mesma lei,

Mais uma vez

A empurrando pela porta

Como se empurra,

O bandido para o xadrez.

A menina preocupada, chorava.

Foi para a árvore,

Esta se encheu de raiva,

Pelo pedido da madrasta,

Logo, emprestou seu tempo,

Ela colheu morangos,

Detalhe todos bem vermelhos.

Quando a garota bateu a porta,

Foi surpreendida,

A madrasta desconfiada,

Então, na manhã seguinte,

Pediu-lhe que trouxesse maçãs,

Em meio, à uma nevasca.

Como sempre a enteada,

Foi para árvore

Que ficou com mais raiva,

Ela percebeu estar sendo seguida,

Pela impiedosa,

Esta se revoltaram e transformaram,

Em uma macieira,

Esta apodreceu e virou madeira.

O rouxinol

Pode não ser

O primeiro pássaro,

A cantar toda manhã,

Mas ama liberdade,

O amor o faz voar e a esperança voltar.

Se a esperança não é concreta,

Por que se aventurar?

Tens que viver,

Todos os dias voar livre,

A queda é degrau para um voo alto,

O medo te prende,

O pensamento te liberta.

Voe sem data pra voltar.

Infância

Lindas cores,

Campos de flores porém,

Elas se perdem nas lembranças

Daquele tempo de criança,

Onde um dia de sol ou de chuva

Era um motivo de festança,

Depois os dias mudam,

As pessoas mudam,

Faz falta, saudade,

Daquele tempo da felicidade,

Um feliz para sempre,

Não tinha validade.

"Às vezes, temos que nos despedir,

Dar adeus ao nosso antigo eu,

Partir um pouco o coração,

Perdes as pessoas,

Para ganhar a liberdade."

"A forma mais linda de amar,

É aquele amor,

Que mesmo a distância

A gente só quer ver o bem

De quem quer bem,

Pois quando se toca

 O toque se torna sensível,

A magia desaparece,

Tudo é tão perto,

Comparado a você sempre tão longe,

É teoria de Platão,

Amar em meio à solidão"

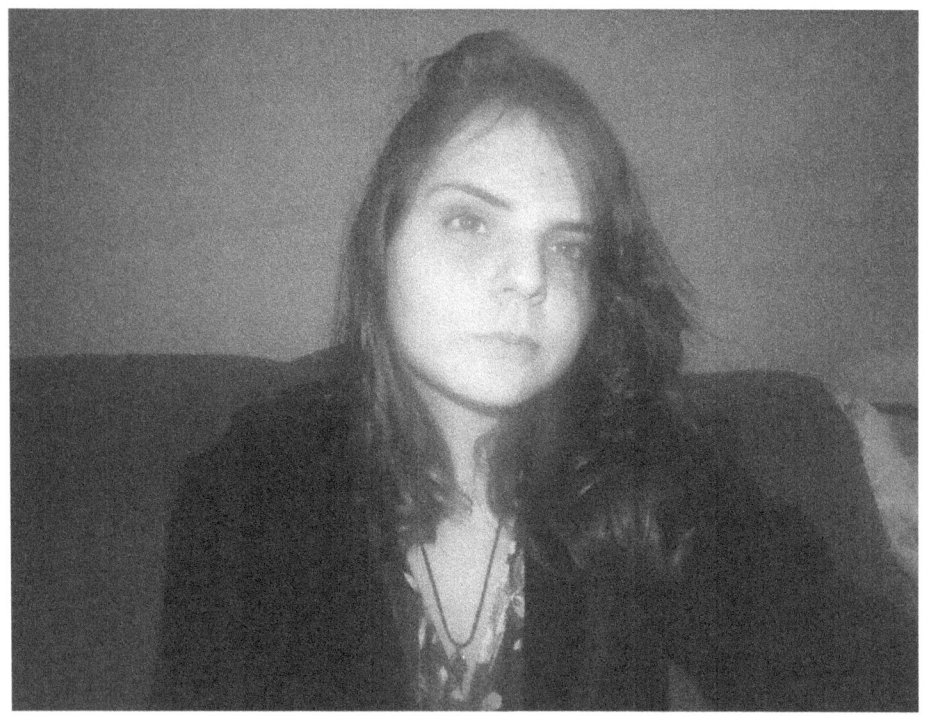

Meu nome é Nicole tenho 19 anos, moro em Caçapava do Sul, RS.

 E termino este livro com um trecho do meu poeta favorito, Fernando Pessoa:

" Não sou nada,

Nunca serei nada,

Não posso querer ser nada,

À parte disso, tenho em mim todos os sonhos do mundo."

Instagram: Nicole_ Cunha

E-mail: nicolecunha229@gmail.com

Adoraria saber sobre o que achou da minha obra, seja feliz pois somos jovens e hoje faz sol .

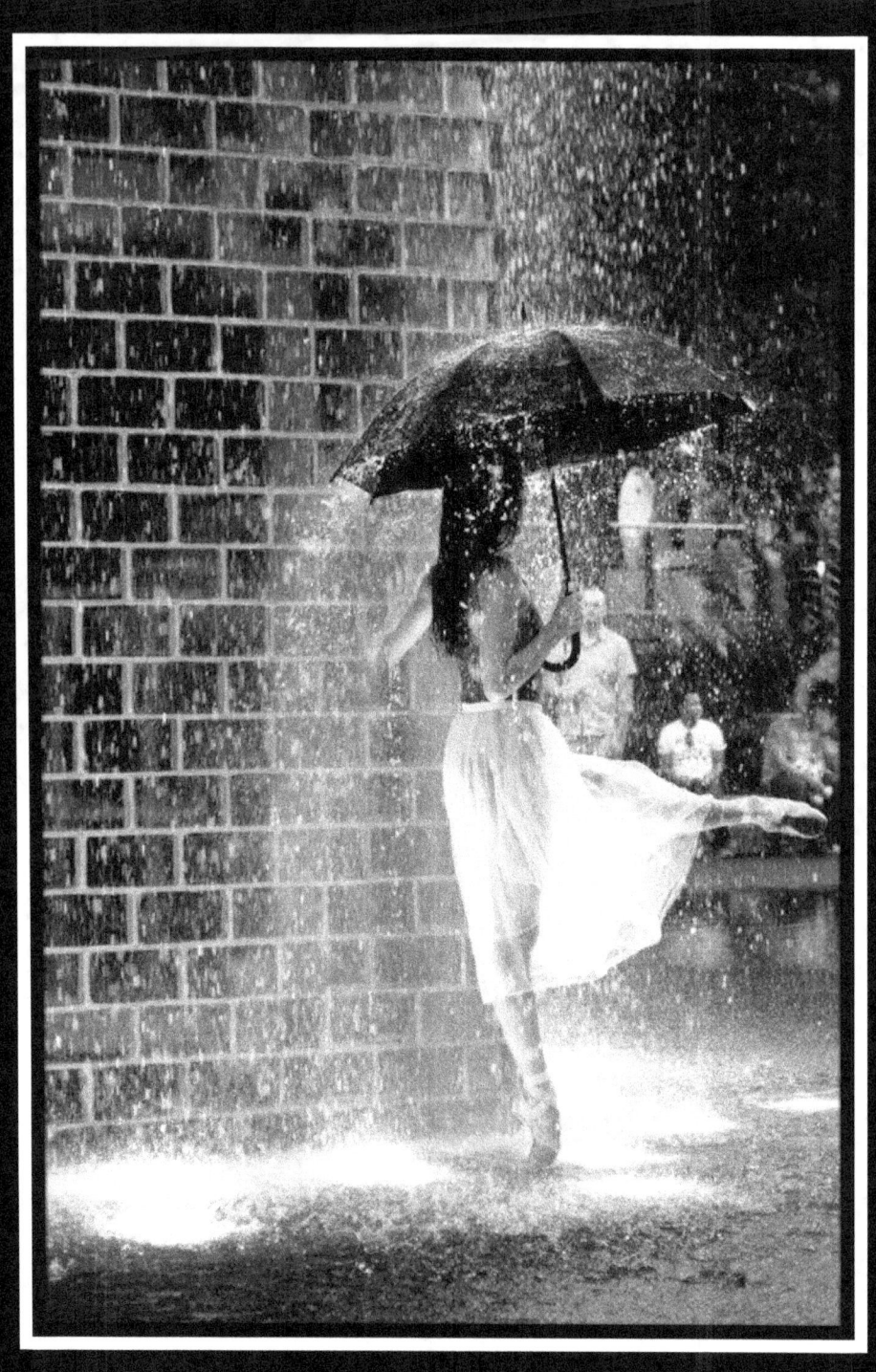

Até mais ❤

www.ingramcontent.com/pod-product-compliance
Lightning Source LLC
Chambersburg PA
CBHW070410220526
45467CB00001B/518